Analiza książki

AF156557

Wspomnienia Hadriana

• • • • • • • • • • • • •

Marguerite Yourcenar

ANALIZA KSIĄŻKI

Napisany przez David Noiret
Przetłumaczony przez Kâmil Kowalski

Wspomnienia Hadriana

MARGUERITE YOURCENAR

MARGUERITE YOURCENAR

FRANCUSKO-AMERYKAŃSKA PISARKA

- **Urodziła się w Brukseli w 1903 roku.**
- **Zmarła w Mount Desert Island (Maine, USA) w 1987 roku.**
- **Prace godne uwagi:**
  - *Opowieści orientalne* (1938), opowiadania
  - *Pamiętniki Hadriana* (1951), powieść
  - *Otchłań* (1968), powieść

Marguerite de Crayencour, bardziej znana jako Marguerite Yourcenar, urodziła się w Brukseli w 1903 roku. W 1980 roku została pierwszą kobietą wybraną do Académie Française (prestiżowej francuskiej instytucji zajmującej się sprawami języka). We wczesnych latach życia wiele podróżowała, a podczas II wojny światowej przeniosła się do Mount Desert Island (Maine) w Stanach Zjednoczonych. Uczyła tam literatury francuskiej i historii sztuki, i pozostała tam aż do śmierci w 1987 roku.

Yourcenar pasjonowała się humanizmem i kulturą klasyczną, co doprowadziło ją do rozpoczęcia kariery literackiej obejmującej powieści (*Pamiętnik Hadriana*; *Otchłań*), eseje, zbiory poezji, opowiadania (*Opowieści orientalne*), sztuki teatralne i przekłady. Choć literatura XX wieku została zdominowana przez awangardowe trendy i ruchy, pisarstwo Yourcenar wyróżnia się klasycznym stylem i dbałością o narrację.

WSPOMNIENIA HADRIANA

LIST RZYMSKIEGO CESARZA DO SWOJEGO NASTĘPCY

- **Gatunek:** powieść

- **Wydanie referencyjne:** Yourcenar, M. (2000) *Memoirs of Hadrian*. Trans. Frick, G. London: Penguin.

- **Pierwsze wydanie:** 1951

- **Tematyka:** biografia, pamięć, życie rzymskie, polityka, Imperium Rzymskie, miłość, wojna

Memoirs of Hadrian powstawały przez ponad 25 lat. Yourcenar rozpoczął pracę nad powieścią w latach 1924-1929, ale porzucał ją i przerabiał kilka razy, zanim ostatecznie opublikował ją w 1951 roku i zdobył światowe uznanie jako autor.

Powieść jest jednocześnie powieścią historyczną i fikcyjną autobiografią, gdyż w całości poświęcona jest zgłębianiu wspomnień rzymskiego cesarza Hadriana (76-138). Wspomnienia te mają formę długiego listu adresowanego do "Marka", którym w rzeczywistości jest Marek Aureliusz (121-180), jego przyszły następca. Książka składa się z sześciu rozdziałów z tytułami w języku łacińskim, z których każdy opisuje wcześniejszy okres życia cesarza. Razem tworzą kompletną narrację o dojściu Hadriana do najwyższych szczebli Imperium, opowiadaną przez samego Hadriana, gdy zbliża się do końca swojego życia.

STRESZCZENIE

Powieść ma formę listu napisanego przez Hadriana do Marka Aureliusza, wówczas siedemnastolatka. Celem Hadriana jest zbadanie własnego umysłu i "odbycie audiencji ze swoimi wspomnieniami" (s. 29).

POWSTANIE NOWEGO CESARZA

Hadrian urodził się w Italice w Hiszpanii, ale mówi, że jego "pierwszą ojczyzną [były] książki" (s. 40). Jego ojciec umiera, gdy ma 12 lat i zostaje wezwany do Rzymu przez swojego opiekuna Aciliusa Attianusa. Rozwija miłość do Grecji i spędza tam kilka lat, ale wkrótce jest przyciągany do władzy i bogactwa Rzymu, mówiąc, że "w końcu nauczyłem się akceptować siebie" (s. 49). W Rzymie Hadrian stopniowo zdobywa sławę.

Hadrian dołącza do legionów walczących wzdłuż Dunaju i zostaje dowódcą. Tymczasem cesarz Domicjan (51-96) zostaje zamordowany i zastąpiony przez Nerwę (30-98), który z kolei zostaje zastąpiony przez swojego adoptowanego syna Trajana (53-117), kuzyna Hadriana, który sprzyja polityce ekspansji. Chociaż Trajan jest początkowo nieco wrogo nastawiony do Hadriana, stopniowo łagodnieje wobec niego.

W wieku 28 lat Hadrian poślubia Sabinę za radą cesarzowej Plotyny (zmarłej w 122 roku), z którą łączy go bardzo bliska przyjaźń. Nigdy nie pokocha swojej żony, ale zaakceptuje jej obecność jako niezbędną część życia dla kogoś o jego randze.

Po zwycięstwie Trajana nad Daciami (lud zamieszkujący Dację, region położony na terenie dzisiejszej Rumunii), Hadrian, który został mianowany gubernatorem Panonii (region graniczący z Dunajem), zostaje wysłany do walki z Sarmatami (naród zamieszkujący region na północ od Morza Czarnego). Po przywróceniu porządku w regionie i rozgromieniu wrogów, Hadrian narzuca swoim żołnierzom, którzy plądrowali wieś, politykę oszczędnościową, aby zapobiec powstaniu chłopów przeciwko armii rzymskiej.

Trajan, który zachorował, kontynuuje przesuwanie granic Imperium dalej na wschód, nawet gdy kilka wcześniej podbitych państw buntuje się przeciwko rzymskim najeźdźcom, pogrążając Imperium w okresie kryzysu. W międzyczasie Hadrian ma wątpliwości co do swojej przyszłości, ale Trajan umiera wkrótce potem i Hadrian, teraz w wieku 40 lat, zostaje wybrany na jego następcę. Powraca triumfalnie do Rzymu, gdzie witają go wiwaty i uwielbienie.

ZŁOTY WIEK

Hadrian zaczyna wdrażać nowe polityki, mające na celu zaprowadzenie pokoju w jego królestwie poprzez negocjacje ("Każde przejście od jednego panowania do drugiego wiązało się z operacjami mopping up", str. 94). Attianus eliminuje kilku znanych wrogów cesarza, co pozwala na rozkwit pokoju w Rzymie. Hadrian zaczyna pracować nad poprawą jakości życia swoich poddanych (zwłaszcza dla niewolników i kobiet) i rozpoczyna "inteligentną reorganizację światowej gospodarki" (s. 106).

Wyrusza też w liczne podróże po Europie. Być może jest "cudzoziemcem w każdej krainie" (s. 111), urodził się w Hiszpanii, studiował w Grecji i przez całe życie był w ciągłym ruchu, ale zauważa też, że "w żadnym miejscu nie czułem się obcy" (*tamże*) ze względu na jednolitą grupę towarzyszących mu zdolnych, lojalnych ludzi. W Bitynii poznaje młodego człowieka o imieniu Antinous i zakochuje się w nim: "Stopniowo rozwijała się intymność. Towarzyszył mi potem we wszystkich moich podróżach i zaczęły się bajeczne lata" (s. 136). Jego szczęście jest spotęgowane, gdy poznaje w Atenach Arriana z Nikomedii (greckiego historyka i filozofa, 95-175) i obaj mężczyźni nawiązują bliską przyjaźń. Krótko mówiąc, Złoty Wiek Hadriana jest w pełnym rozkwicie.

Nadal rządzi Germanią i Brytanią (obecna Anglia, Walia i południowa Szkocja) i przyjmuje motto *Tellus stabilita* ("stabilna ziemia"), odzwierciedlające jego własne pragnienie zaprowadzenia pokoju na świecie. Ustanawia również stały traktat pokojowy z Imperium Partów (narodem zamieszkującym dzisiejszy Iran) i zagłębia się w studium astronomii. Całkowicie odbudowuje Panteon w Rzymie, wpisując swoje imię na listę starożytnych rzymskich triumfów, które są celebrowane podczas corocznego festiwalu w mieście. W wieku 44 lat zostaje wychwalany i deifikowany.

ŻAŁOBA HADRIANA

Ale "stopniowo światło się zmieniało" (s. 149), a jego relacje z Antinousem zaczęły się pogarszać. Po zleceniu pewnych prac budowlanych w Jerozolimie, Hadrian udaje się z bliskimi do Aleksandrii, a Antinous decyduje się popełnić samobójstwo, topiąc się w Nilu, zamiast pozwolić, by zniszczył go wiek. Hadrian jest przytłoczony żalem i postanawia założyć miasto Antynopolis (dzisiejszy Egipt) w hołdzie swojemu młodemu ulubieńcowi.

Od tego momentu Hadrian z coraz większym zaangażowaniem oddaje się roli cesarza. Nadzoruje zarządzanie Antynopolem i pracuje nad powstaniem wykształconej klasy średniej w Azji Mniejszej. Buduje nową bibliotekę w Atenach i nadaje miastu nową konstytucję, jednocześnie dbając o własną edukację intelektualną i duchową. Interesuje się chrześcijaństwem i dyskutuje o zasadach wiary ze swoim przyjacielem Arrianem.

Z drugiej strony "sprawy żydowskie zmieniały się od złego do gorszego" (s. 197). Pomimo pragnienia Hadriana, by ustanowić w Jerozolimie taką samą tolerancję religijną jak w reszcie Imperium, wojna w Judei okazuje się nieunikniona. Po czterech latach konfliktu z Szymonem Bar Kokhba (przywódca rewolty Bar Kokhba, zm. ok. 135), Judea przyjmuje nazwę Palestyna, podczas gdy Jerozolima staje się znana jako Aelia Capitolina.

Wracając do Rzymu, Hadrian odzyskuje smak do lepszych rzeczy w życiu, ale nigdy nie jest w stanie wybaczyć sobie, że nie był w stanie zapobiec śmierci młodego człowieka, który go kochał.

OSTATECZNE ROZLICZENIE

W wieku 57 lat Hadrian wraca do swojego kraju triumfalnie, ale chory i osłabiony. Nadszedł czas, by wybrał swojego następcę i przygotował się na własną śmierć. Jest to trudny wybór, ale Hadrian ostatecznie wybiera Antoninusa (86-161), nieskazitelnego obywatela i członka senatu, i adoptuje go. Hadrian stwierdza również, że chce, aby Marek Aureliusz był następcą Antoninusa i aby ten ostatni go adoptował. Cesarz uważa to za akt roztropności, ponieważ jego celem jest zapewnienie przyszłej stabilności Imperium, na tyle na ile jest w stanie; uważa, że ma prawo wybrać swoich następców na następne dwa pokolenia. Ponadto Marek Aureliusz może być młody i niesprawdzony, ale jest oddany studiowaniu filozofii i mądrości. Gdy jego panowanie dobiega końca, Hadrian jest czczony.

Po zakończeniu swoich publicznych obowiązków, Hadrian wycofuje się do swojej willi w Tyburze. Jego przyjaciel Arrian, obecnie gubernator Małej Armenii, pisze do niego list, w którym informuje go, że znalazł wyspę Achillesa (mityczny bohater *Iliady*, ok. 1200 p.n.e.). Hadrian podziwia tego legendarnego bohatera, który po śmierci swojego kochanka Patroklosa pogrążył się w ogromnej rozpaczy, po której życie straciło dla niego sens. Kiedy ciało Hadriana słabnie i czuje, że widmo śmierci jest przed nim bliskie, wielokrotnie próbuje się zabić. Kiedy jednak widzi, jak bardzo te próby samobójcze niepokoją Antoninusa, postanawia w końcu pozwolić naturze działać po swojemu.

Pod koniec życia starszy, schorowany Hadrian wspomina wszystkie radości, które powoli mu się wymykają. Wspomina swojego konia, Borysthenesa, na którym nie może już jeździć, polowania, dobre jedzenie, miłość i uzdrawiającą moc snu.

STUDIUM POSTACI

Bohaterowie tej powieści to postacie historyczne, które istniały naprawdę. Wydarzenia w tej opowieści są oparte na faktach historycznych, choć nie zawsze mogą być całkowicie dokładne.

HADRIAN

Hadrian (którego pełne imię brzmiało Publius Aelius Hadrianus) jest zarówno bohaterem, jak i narratorem powieści, gdyż składa się ona z jego własnej relacji ze wspomnień.

Hadrian jest skomplikowany i nieprzewidywalny, żywo interesuje się sztuką, jak również każdą inną dziedziną wiedzy, jaką można sobie wyobrazić. To odróżnia go od reszty rodziny, która nie interesuje się kulturą ani sprawami Imperium Rzymskiego. Ma tak bezgraniczny podziw dla greckiej cywilizacji i kultury, że pomimo swojego statusu mówi nawet, że "to po grecku będę myślał i żył" (s. 42). Hadrian jest również zwolennikiem umiaru: dba o to, by nigdy nie popaść zbyt daleko w jedną lub drugą skrajność i nigdy nie angażuje się w pełni w jedno stanowisko. Wykazuje również wielką mądrość, która znajduje odzwierciedlenie w jego stylu życia: utrzymuje stałą harmonię między swoim umysłem a ciałem, doskonali i wykorzystuje oba te elementy przez całe swoje życie.

Chociaż jest władcą pokojowym, nie waha się iść na wojnę, gdy nie ma innego sposobu na ustanowienie pokoju; w rzeczywistości uważa lata spędzone na prowadzeniu wojny jako dowódca armii za jedne z najszczęśliwszych w swoim życiu i czuje ludzką więź z siłami wroga, z którymi walczy. Jest również oddanym filantropem, który nawet po deifikacji nigdy nie traci troski o zwykłych ludzi. Kiedy na początku jego panowania wybijana jest nowa waluta, na każdej monecie ma wygrawerowane motto *Humanitas, Felicitas, Libertas* ("Człowieczeństwo, Szczęście, Wolność") i robi wszystko, co w jego mocy, aby ta maksyma stała się rzeczywistością.

Motywuje go przede wszystkim chęć bycia lubianym, a ta siła napędowa pozwala mu przyciągnąć wierną, oddaną grupę zwolenników, którzy pomagają mu wznieść się na najwyższe szczeble rzymskiego społeczeństwa.

Choć zakochuje się w kilku kobietach, zupełnie nie interesuje go żona Sabina, a pociągają go przede wszystkim młodzi mężczyźni, tacy jak Lucjusz, a przede wszystkim Antinous.

ATTIANUS

Ponieważ ojciec Hadriana zmarł, gdy ten miał 12 lat, jego edukację w Rzymie nadzoruje Acilius Attianus, który działa najpierw jako jego opiekun, a ostatecznie jako jeden z jego osobistych doradców po tym, jak został cesarzem. Jest on częścią lojalnej grupy zwolenników Hadriana, a Hadrian, który opisuje go jako "starego cierpiącego na podagrę, który wyruszał tylko po to, by mi służyć" (str. 79), uważa go za prawdziwego przyjaciela.

Attianus oferuje, że wyeliminuje dla niego wrogów Hadriana, kiedy ten wstąpi na tron, ale jest tak oddany Hadrianowi, że wykonuje znacznie więcej egzekucji niż mu nakazano, a następnie radzi Hadrianowi, by pozbawił go pozycji prefekta, by stłumić powstałe w ten sposób podburzanie do buntu. Cesarz tak robi, ale Attianus jest jednak w stanie dołączyć do Senatu w późniejszym czasie i "dożył łatwej starości bogatego rzymskiego rycerza" (s. 94).

PLOTINA

Plotina jest żoną cesarza Trajana, co czyni ją cesarzową. Odgrywa znaczącą rolę w wyborze Hadriana na kolejnego władcę Imperium Rzymskiego: podczas gdy okoliczności, w jakich Trajan napisał swoją ostatnią wolę i testament są owiane tajemnicą, wydaje się, że Plotina podyktowała wersy dotyczące jego następcy, gdy były cesarz umierał, lub przynajmniej wpisała imię Hadriana.

Hadrian uważa Plotina, który jest w tym samym wieku co on, za kluczowego sojusznika i jedyną kobietę-przyjaciela.

LUCIUS

Lucjusz ma 18 lat, kiedy Hadrian spotyka go po raz pierwszy i mówi o ich spotkaniu: "Ten tańczący młody faun wypełnił sześć miesięcy mojego życia" (str. 99). Pewien stopień rywalizacji rodzi się między Lucjuszem a Antinousem, ulubieńcem Hadriana, podczas wizyty cesarza w Aleksandrii.

Hadrian postanawia wymienić go na swojego następcę i adoptuje go. Lucjusz przyjmuje więc imię Lucjusza Aeliusa Cezara, ale jego przedwczesna śmierć uniemożliwia mu sukcesję. Jego syn, Lucjusz Aureliusz Werus (130-169), zostaje adoptowany przez Antoninusa i staje się cesarzem rzymskim u boku Marka Aureliusza od 161 r. do swojej śmierci w 169 r.

ANTINOUS

Hadrian jest zafascynowany tym młodym Grekiem z Bitynii od chwili, gdy go poznaje, i często opisuje go w oksymoronicznych terminach: "Zachwycałem się jego łagodnością, która miała też aspekty twardości" (s. 136). Ich namiętny, przelotny romans kończy się tragicznie, gdy młodzieniec topi się w Nilu, woląc wybrać ten los niż pogodzić się z nadejściem starości i utratą wyglądu.

Hadrian zakłada miasto Antinoopolis na wschodnim brzegu Nilu ku jego pamięci i ustanawia religijną sektę na jego cześć, która rozprzestrzenia się w wielu regionach Imperium. Hadrian porównuje swój własny romans z Antinousem do legendarnego romansu między tragicznymi bohaterami Achillesem i Patroclusem.

ARRIAN

Arrian z Nikomedii, "jeden z najlepszych umysłów naszych czasów" (s. 120), jest najbliższym przyjacielem Hadriana. Jest on filozofem stoickim i uczniem Epictetusa (ok. 50-125), jest 12 lat młodszy od Hadriana i pisze historię swojego kraju, Bitynii. Dzieli wiele pasji cesarza, zwłaszcza fascynację mistycyzmem.

MAREK AURELIUSZ

Młody odbiorca tych wspomnień ma 17 lat, gdy Hadrian je pisze. Został wybrany na następcę swojego przybranego ojca, Antoninusa, który sam będzie następcą Hadriana jako cesarz rzymski. Choć jego imię rodowe brzmiało Marcus Annius Verus, przyjmuje on potem imię Marcus Aurelius.

Jako osoba, do której Hadrian kieruje swoje wspomnienia, Marek Aureliusz działa jako swego rodzaju substytut czytelnika. Tekst jest poprzetykany sporadycznymi liniami, które zwracają się bezpośrednio do Marka Aureliusza, a użycie zaimka osobowego "ty" pozwala czytelnikowi identyfikować się z nim i czuć, że Hadrian zwraca się do niego osobiście. Celem Hadriana jest podzielenie się swoim doświadczeniem i refleksjami na temat swojego życia z młodym następcą, jako sposób na przygotowanie go do roli, w którą w końcu wejdzie. W tym sensie *Wspomnienia Hadriana* mogą być również uznane za powieść dydaktyczną.

 ## RZYMSKIE SYSTEMY POLITYCZNE

Zanim Rzym stał się Imperium, rządzony był za pomocą dwóch innych systemów politycznych: Królestwa, które powstało wraz z założeniem miasta, oraz Republiki, która obaliła Królestwo w 509 roku p.n.e. i przetrwała do 27 roku p.n.e. Naród stał się Imperium dopiero za czasów Augusta (63 r. p.n.e.-14 r. n.e.). W okresie dzieciństwa Hadriana Imperium rządził Domicjan, którego następnie zastąpił Nerva, uważany za założyciela dynastii Antoninów (92-192). Przez przypadek ani Nerva, ani żaden z kolejnych trzech cesarzy, którzy go zastąpili – czyli Trajan, Hadrian i Antoninus Pius (86-161) – nie mieli synów, dlatego wybrali swoich następców przez adopcję. Hadrian zaaranżował, by Marek Aureliusz i Lucjusz Werus, syn Lucjusza Ceioniusza, zostali adoptowani przez Antoninusa i tym samym weszli do linii sukcesji.

ANALIZA

POWIEŚĆ HYBRYDOWA

Wspomnienia Hadriana to powieść niezwykle oryginalna, co wynika przede wszystkim z faktu, że łączy w sobie wiele różnych gatunków literackich. Jest to jednocześnie:

- **Powieść historyczna,** której bohaterem jest prawdziwa postać i która tworzy niezwykle autentyczny portret epoki, w której ta postać żyła (zob. przypisy autora na końcu powieści). Tekst jest więc powtórzeniem historii.

- **Fikcyjna autobiografia**, gdyż cesarz Hadrian opisuje swoje życie (swoją biografię) z pełnymi, bezkompromisowymi szczegółami. Jest to jednak autobiografia fikcyjna, ponieważ narrator nie jest autorem.

- **Powieść epistolarna**, zważywszy, że zaczyna się od słów "Mój drogi Marku". Świadczy to o tym, że jest ona przeznaczona do czytania jako list skierowany do innej osoby, w tym przypadku Marka Aureliusza. List ten obejmuje całą historię, a Hadrian w różnych momentach zwraca się bezpośrednio do odbiorcy, aby zwrócić jego (lub czytelnika) uwagę. Rozdział *Patientia* rozpoczyna się również innym listem, który został napisany przez Arriana i zaadresowany do cesarza.

ZNACZĄCE TYTUŁY

Wybór zapisu tytułu każdego rozdziału po łacinie pokazuje, że pomimo wyznawanej przez Hadriana miłości do Grecji i hellenizmu, nadal jest on cesarzem rzymskim i dlatego posługuje się oficjalnym językiem Imperium – łaciną.

- Pierwszy rozdział jest rodzajem prologu, w którym Hadrian wyjaśnia swoje intencje. Jego tytuł, *Animula vagula blandula* ("Mała dusza, łagodna i dryfująca"), jest właściwie fragmentem jednego z zachowanych wierszy napisanych przez samego Hadriana, który znajduje się w jego epitafium. Jako taki, odzwierciedla fakt, że Hadrian zbliża się do końca swojego życia, jego ciało słabnie, a dusza przygotowuje się do odejścia. Przypomina również czytelnikowi, że pięć rozdziałów, które po nim następują, ma charakter retrospektywny i zostały napisane z perspektywy człowieka patrzącego wstecz na swoje życie, od jego początku do końca, który właśnie osiągnął.

- *Varius multiplex mulitformis* ("Wszechstronny, wieloraki i nieprzewidywalny"), drugi rozdział, mówi nam o osobowości cesarza. Dba o swoje ciało, prowadzi wojny i pokój, podróżuje, kocha kobiety i mężczyzn, kształci się, czyta, pisze poezję i muzykę, zarządza swoimi prowincjami, rządzi swoim imperium, interesuje się gwiazdami i okultyzmem itd. Jest wszechmocny i wszechobecny, jest żywym bogiem, którego czci się w całym królestwie i szanuje w niezależnych regionach. Jako imperator, jego ostatecznym celem jest różnorodność w jedności.

- *Tellus stabilita* ("Stabilna ziemia"), tytuł trzeciego rozdziału, to motto używane w jego imperialnej propagandzie. Jest ono reprezentowane przez posąg przedstawiający młodego człowieka, który leży i trzyma owoce i kwiaty, ilustrując, jak reputacja Hadriana jest zbudowana na ideałach pokoju i stabilności politycznej.

- *Saeculum aureum* ("Złoty Wiek"), tytuł czwartego rozdziału, wyznacza zarówno zenit panowania Hadriana, jak i początek jego fizycznego i emocjonalnego upadku. Wyrażenie to nawiązuje do czasów Peryklesa (ateński polityk, ok. 495-429 p.n.e.), który jest uważany za ateński Złoty Wiek (V wiek p.n.e.).

- *Disciplina augusta* ("Cesarska dyscyplina"), przedostatni rozdział, przedstawia starzejącego się Hadriana, który zaczyna rozumieć, że nie jest wszechmocny. Podejmuje ostatnie kroki niezbędne do zabezpieczenia przyszłości Imperium i powraca do swoich wojennych korzeni, prowadząc wojnę w Judei.

- Ostatni rozdział, *Patientia* ("Cierpliwość"), można by określić jako epilog. Cierpliwość była jedyną cechą, której Hadrianowi wcześniej brakowało, a teraz wreszcie ją rozwija, gdy pozostało mu już tylko czekać na śmierć. Akapit zamykający powieść, "Mała duszo, łagodna i dryfująca, gościu i towarzyszu mojego ciała, teraz zamieszkasz poniżej w bladych miejscach, surowych i nagich; tam porzucisz swoje dawne zabawy" (s. 247), jest tłumaczeniem epitafium cesarza i stanowi echo pierwszego rozdziału. W ten sposób narracja zatoczyła pełne koło: Hadrian wypełnił swoje obowiązki jako cesarz i może teraz umrzeć w spokoju.

EPOKA NAZNACZONA RELIGIJNYM ZAMĘTEM

Hadrian żył na przełomie I i II wieku, w tym czasie w Rzymie (w którym zapanowała pewna tolerancja religijna) praktykowano wiele różnych religii, co stało się przyczyną wielu konfliktów, które toczono w imię różnych religii monoteistycznych i które często były niezwykle krwawe.

Przekonania Hadriana

Rzymscy cesarze byli postrzegani jako bogowie przez religię Imperium: "Nawet w Rzymie, gdzie oficjalnie ogłasza się nas boskimi dopiero po śmierci, instynktowna pobożność pospólstwa ma tendencję coraz bardziej do deifikowania nas za życia" (s. 128). W *Tellus stabilita* Hadrian w pełni wchodzi w tę rolę: "Jeśli Jowisz jest mózgiem świata, to człowiek, który organizuje i przewodniczy sprawom ludzkim, może logicznie uważać się za część tego wszechrządzącego umysłu". Jednakże nie było żadnego aspektu religii, który miał głębszy osobisty wpływ na Hadriana niż Misteria, które stawały się coraz bardziej powszechne w tym czasie. Misteria były sekretnymi sektami religijnymi, do których można było dołączyć jedynie poprzez przejście rytuału inicjacji, a podczas pobytu Hadriana w greckim mieście Eleusis, zostaje on zainicjowany poprzez obrzęd ku czci Demeter (greckiej bogini urodzaju). To inspiruje Hadriana do rozwinięcia głębokiej fascynacji gwiazdami i niebem, które postrzega jako symbole cyklu "przejścia i powrotu" (s. 130) i które, gdy są studiowane i medytowane, pozwalają ludzkości osiągnąć transcendentny poziom istnienia.

Kult Mitry to druga Tajemnica, która mocno zaznacza się w powieści. Jest brutalnie brutalny, ponieważ jego celem jest ustanowienie połączenia między światem żywych i umarłych. Hadrian zostaje wtajemniczony w ten kult podczas wojny z Dacianami i zauważa, że żołnierze, którzy go wyznają, zyskują poczucie nietykalności, co zwiększa ich odwagę. Jednak w *Saeculum aureum* ma też drugie zetknięcie z mitraizmem. O ile jego pierwsze doświadczenie z sektą było pozytywne, o tyle ten epizod wydaje się być zabarwiony niepokojem. Przy tej okazji to Antinous jest inicjowany do sekty, a inicjacja odbywa się w ciemnej jaskini, gdzie zarzynany jest byk, a Antinous zostaje oblany jego krwią. Widząc to, Hadrian jest pełen obrzydzenia i postanawia zamknąć jaskinię. Jego nagłe przerażenie zdaje się zapowiadać tragiczny los Antinousa, który zaledwie kilka stron później popełnia samobójstwo.

Chrześcijaństwo

Hadrian opowiada również o jednym epizodzie, w którym otrzymał list od chrześcijańskiego biskupa Quadratusa, który zawierał obronę chrześcijaństwa skierowaną do cesarza. Po tym fakcie Hadrian długo rozważa tę "sektę", zastanawiając się nad jej nakazami i własnymi poglądami na nią. Na jego interpretację religii duży wpływ ma jego własna politeistyczna kultura: "Wydaje się, że ten młody mędrzec [Jezus] pozostawił po sobie pewne nauki, które nie są podobne do nauk Orfeusza" (s. 187). Chociaż uznaje korzyści płynące z religii, która pomaga potrzebującym, niepokoi go niezgodność pewnych aspektów doktryny chrześcijańskiej z kulturą rzymską: jej nauki moralne negują cnotę męskości, a jej dogmatyzm stanowiłby zagrożenie dla względnej tolerancji

Rzymu dla różnorodności religijnej. Hadrian uważa również, że chrześcijański ideał kochania innych jak siebie samego jest niemożliwy do osiągnięcia, gdyż każdy kocha siebie albo za bardzo, albo za mało.

Judaizm

Przedstawienie judaizmu w tej powieści to dość drażliwa kwestia. Zealoci (żydowska sekta, która stawiała opór wszelkim obcym okupacjom i która nie okazywała litości nikomu, kto się im sprzeciwiał) prowadzą szeroko zakrojoną rewoltę przeciwko Hadrianowi, która przeradza się w wojnę domową, a w końcu w wojnę przeciwko Imperium. Hadrian wypowiada się więc bardzo ostro o judaizmie, określając go zarówno jako "przesąd wysoce niekorzystny dla postępu sztuk" (s. 197), jak i "fanatyzm" (s. 199). Trudno mu zrozumieć tę monoteistyczną, nieugiętą wiarę:

> *"W zasadzie judaizm ma swoje miejsce wśród religii imperium; w praktyce Izrael przez wieki odmawiał bycia jednym ludem wśród wielu innych, z jednym bogiem wśród bogów. Najbardziej prymitywni Dacjanie wiedzą, że ich Zalmoxis jest nazywany w Rzymie Jowiszem; […] żaden lud poza Izraelem nie ma w sobie tyle arogancji, by całkowicie zamknąć prawdę w wąskich granicach jednej koncepcji boskości, obrażając tym samym wieloraką naturę Bóstwa, które zawiera w sobie wszystko […]." (p. 198)*

Yourcenar stał się przedmiotem wielu zarzutów i krytyki z powodu tego ostrego opisu, zwłaszcza że powieść została wydana tuż po zakończeniu II wojny światowej. Warto jednak zauważyć, że Yourcenar pisze z wyimaginowanej perspektywy cesarza, którego opinia jest zabarwiona przez jego własną rzymską kulturę, gdzie różne religie są w stanie współistnieć, a także przez fakt, że ma do czynienia z mrówczymi przeciwnikami.

SIŁA JĘZYKA

Aby zapewnić, że jej historia będzie pasować do starożytnej scenerii, Yourcenar skupiła się na języku, którego używała, tworząc styl pisania z subtelnymi echami łaciny. Powieść została pierwotnie napisana po francusku i odtwarza "smak" starożytności poprzez użycie nieco archaicznego języka. Interesujące jest również to, że *Memoirs of Hadrian* zostało przetłumaczone na język angielski przez Grace Frick (amerykańską tłumaczkę, 1903-1979), życiową partnerkę Yourcenar, która ściśle współpracowała z autorem, aby zapewnić, że angielski przekład jest tak wierny oryginalnemu tekstowi, jak to tylko możliwe. W związku z tym w angielskim tłumaczeniu można dostrzec niektóre strategie pisarskie, które Yourcenar zastosowała, aby uczynić tekst jak najbardziej autentycznym, zwłaszcza odtworzenie łacińskich struktur gramatycznych i użycie języka datowanego.

Yourcenar czerpał wiele bezpośrednich inspiracji z łaciny. Przybiera to formę zarówno bezpośrednich, jak i pośrednich cytatów o różnej długości, z których część pozostawiono w oryginalnym języku (jak np. tytuły rozdziałów), ale większość została przetłumaczona przez Yourcenara. Na przykład Spartianus (historyk rzymski z III wieku) był jednym z podstawowych źródeł wykorzystywanych przez Yourcenara, który używa dość dosłownego tłumaczenia jego cytatu "*uxorem […] morosam et asperam*" do opisania żony Hadriana, co w angielskim tłumaczeniu oddane jest jako "ponura i kwaśna" (s. 217) (Poignault, 1984: s. 296).

Oczywiście cechy te są znacznie bardziej widoczne w oryginalnym języku francuskim, w którym również pobrzmiewają echa wielu tendencji stylistycznych literatury klasycystycznej, która była ruchem literackim rozkwitającym we Francji w XVII i XVIII wieku. Charakteryzował się on jasnym, uporządkowanym stylem, który był echem sztywnych struktur gramatycznych języka łacińskiego. Naśladując ten styl i używając staroświeckiego języka, Yourcenar był w stanie stworzyć rejestr literacki, który uzupełnia scenerię powieści i pozwala czytelnikowi zanurzyć się w minionej epoce.

FILOZOFIA EMPIRYCZNA

Na początku powieści Hadrian wyjaśnia, jak postrzega swoje relacje z otaczającym go światem jako rodzaj filozofii, którą nazywa "teorią kontaktu". Nazwa ta jest echem jego przekonania, że rozumienie świata przez jednostkę nie powinno opierać się wyłącznie na myśli filozoficznej, która jest zbyt abstrakcyjna i oderwana od rzeczywistości. Zamiast tego uważa on, że powinniśmy kształtować rozumienie świata poprzez nasze spotkania z innymi, w szczególności poprzez nasze zmysły, oraz poprzez sumę naszych doświadczeń świata poza naszą własną jaźnią. Wyjaśnia to w następujący sposób:

> *"Nieraz myślałem o skonstruowaniu systemu ludzkiej wiedzy, który byłby oparty na erotyce, na teorii kontaktu, w której tajemnicza wartość każdej istoty polega na zaoferowaniu nam właśnie tego punktu widzenia, jaki daje inny świat." (p. 24)*

Głoszone przez Hadriana pragnienie zdefiniowania siebie oczami innych może wydawać się zaskakujące, biorąc pod uwagę, że powieść ta ma formę fikcyjnej autobiografii. W końcu autobiografia jest z definicji dziełem introspektywnym, w którym narrator bada swoją historię życia, próbując zrozumieć swoje życie i, w konsekwencji, siebie. Jednak relacja Hadriana o jego życiu pokazuje, że to właśnie relacje z innymi pozwoliły mu rozwinąć, przekształcić i udoskonalić swoje rozumienie świata do tego stopnia, że w końcu zaczął nim rządzić. Ta teoria kontaktu ułatwiła mu zatem także dojście do roli cesarza i z pewnością można by zasugerować, że jednym z fikcyjnych celów Hadriana w napisaniu tego długiego listu do swojego następcy – młodego człowieka, który był dobrze zorientowany w suchym dyskursie filozoficznym, ale miał ograniczony kontakt ze światem zewnętrznym – było przekonanie go, że ten rodzaj kontaktu jest niezbędny dla każdego cesarza rządzącego tak wielkim, złożonym i zróżnicowanym imperium. Hadrian czyni nawet subtelną uwagę na ten temat, mówiąc młodemu Markowi Aureliuszowi: "Nie zabrałem ze sobą moich książek, jak ty, do cesarskiej loggi" (s. 97). Co więcej, ta teoria kontaktu może być również zastosowana do aktów czytania i pisania, ponieważ pozwalają one czytelnikowi i pisarzowi tymczasowo wejść w cudze buty.

HISTORIA I JEJ GRANICE W POWIEŚCI HISTORYCZNEJ

Chociaż atrakcyjność tej powieści wynika w dużej mierze z przedstawienia starożytnego świata, który jest z natury obcy naszemu, to jednak w zamierzeniu ma być ona również relatywna dla współczesnych czytelników. Powieść została po raz pierwszy opublikowana w połowie XX wieku, który był okresem zdefiniowanym przez globalny konflikt i wzrost masowej industrializacji, kapitalizacji, globalizacji i liberalizmu. Yourcenar rozrzuca w całej książce subtelne, ale nieomylne przesłania do współczesnych czytelników. Te małe powiązania w czasie pozwalają Hadrianowi, cesarzowi o głębokim zrozumieniu świata i sposobu jego funkcjonowania, na uderzająco przenikliwe spostrzeżenia dotyczące prawdopodobnego stanu świata w nadchodzących latach, a jednocześnie pozwalają Yourcenar komentować świat, w którym żyje. Na przykład w poniższym fragmencie Hadrian wyjaśnia swoje przemyślenia na temat społeczeństwa swoich czasów, skupiając się na niewolnictwie po wcześniejszym omówieniu swoich poglądów na temat kobiet:

> *"Wątpię, czy cała filozofia na świecie może zdołać stłumić niewolnictwo; co najwyżej zmieni jego nazwę. Mogę sobie dobrze wyobrazić formy zniewolenia gorsze od naszych, bo bardziej podstępne, czy przekształcają one ludzi w głupie, zadufane maszyny, które uważają się za wolne właśnie wtedy, gdy są najbardziej ujarzmione, czy też do wyłączenia wypoczynku i przyjemności istotnych dla człowieka rozwijają pasję do pracy tak gwałtowną, jak pasja do wojny wśród barbarzyńskich ras. Od takiej niewoli dla ludzkiego umysłu i wyobraźni wolę nawet naszą jawną niewolę."* (p. 104)

Lektura tych wierszy przywodzi na myśl filozoficzne, socjologiczne i polityczne linie myślowe, które pojawiły się pod koniec XIX wieku, kiedy to pojęcie pracy zostało przekształcone przez nadejście ery przemysłowej i postindustrialnej, które stopniowo wkraczały w ludzkie wolności.

Powieść nawiązuje również do katastrof, które nękały XX wiek. Na przykład pod koniec powieści Hadrian pisze:

> *"Nadejdą katastrofy i ruiny; zatriumfuje nieporządek, ale od czasu do czasu także porządek. Pokój znów ustali się między dwoma okresami wojny; słowa ludzkość, wolność i sprawiedliwość tu i ówdzie odzyskają znaczenie, które staraliśmy się im nadać. Nie wszystkie nasze książki zginą [...]"* (s. 245)

Yourcenar przemawia tutaj poprzez Hadriana, aby nawiązać do wojen światowych, a w szczególności do drugiej wojny światowej. W ten sposób unika ona również zorientowania powieści wyłącznie na przeszłość i umożliwia czytelnikom aktywne zaangażowanie się w powieść i refleksję nad okresem, w którym żyją.

DALSZA REFLEKSJA

KILKA PYTAŃ DO PRZEMYŚLENIA...

- W czasach Hadriana chrześcijaństwo było uważane za sektę. Co jako czytelnik XXI wieku sądzisz o takiej postawie, a co o stosunku Hadriana do tej sekty (patrz *Disciplina augusta*)?

- Choć działania Hadriana nie zawsze były cnotliwe, czy uważasz go za godnego podziwu?

- Podczas powstania Bar Kokhby żydowscy buntownicy byli gotowi umrzeć za wiarę w słuszność swojej sprawy. Czy taki rodzaj fanatyzmu istnieje jeszcze w dzisiejszych czasach? Wyjaśnij swoją odpowiedź.

- Skomentuj to zdanie napisane przez Hadriana: "Czułem się odpowiedzialny za podtrzymywanie i powiększanie piękna świata" (s. 119).

- "Wątpię, czy cała filozofia na świecie może zdołać stłumić niewolnictwo: co najwyżej zmieni jego nazwę" (s. 104). Czy zgadzasz się z cesarzem Hadrianem? Jakie jest Twoje zdanie na ten temat?

- W *Tellus stabilita* Yourcenar cytuje słynny wers Pierre'a Corneille'a (francuski tragediopisarz, 1606-1684) "Rzym nie jest już w Rzymie" (*Sertorius*, 1667). Jak zinterpretowałbyś tę maksymę?

- Jak wytłumaczyłbyś stosunek Hadriana do samobójstwa? Czy on je potępia?

- Czy istnieją jakieś podobieństwa między Marguerite Yourcenar a Hadrianem? Jeśli tak, to na czym one polegają?

- Marek Aureliusz był zwolennikiem filozofii stoickiej, a jego pisma, znane jako *Medytacje,* są uważane za jeden z najważniejszych zachowanych tekstów o stoicyzmie. Porównaj jego poglądy z poglądami Hadriana.

- Wyobraź sobie filmową adaptację *Pamiętników Hadriana*. Jakich technik użyłbyś, aby oddać liryczny, klasyczny styl pisania Marguerite Yourcenar?

DALSZE CZYTANIE

WYDANIE REFERENCYJNE

Yourcenar, M. (2000) *Memoirs of Hadrian*. Trans. Frick, G. London: Penguin.

Chcemy usłyszeć od Ciebie, co się dzieje!
Zostaw komentarz na temat swojej internetowej biblioteki
i podziel się swoimi ulubionymi książkami w mediach społecznościowych!

www.50minutes.com

Master ISBN: 9782808693721
Papierowy ISBN: 9782808615129
Depozyt prawny: D/2023/12603/1792

Verhaal: © Primento

Projekt cyfrowy: Primento, cyfrowy partner wydawców.